AF587471

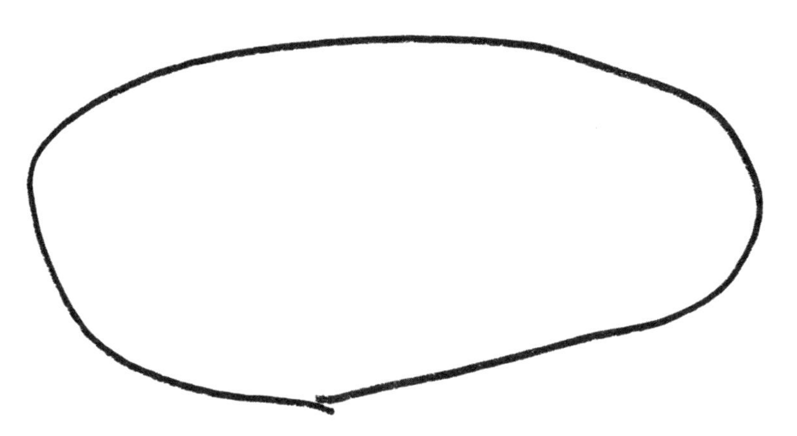

La Muse endormie,
1910

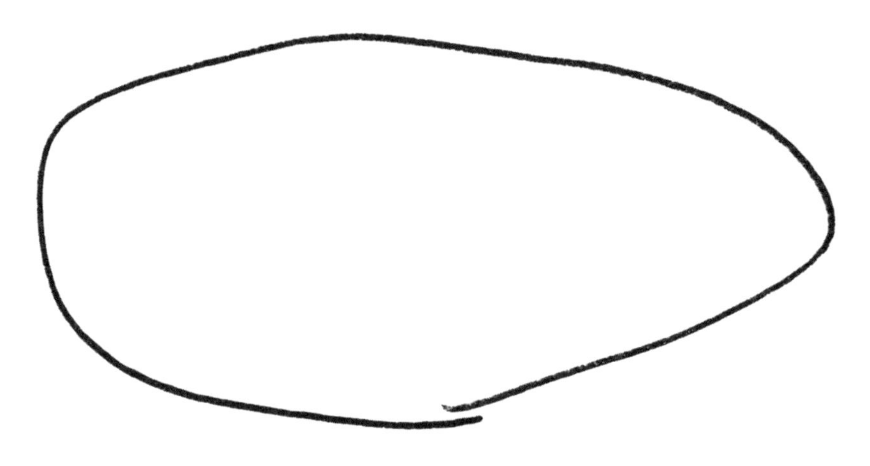

La Muse endormie,
1910

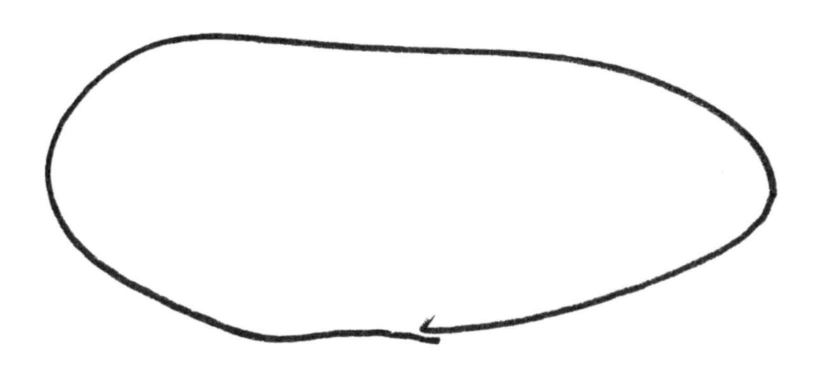

La Muse endormie,
1910

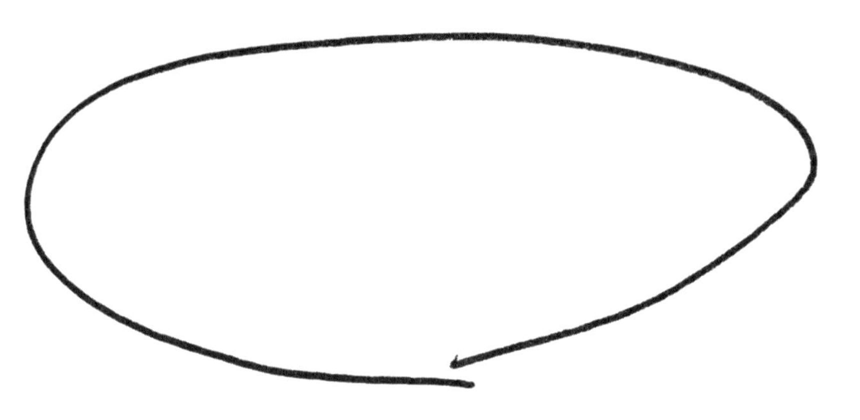

La Muse endormie
1910

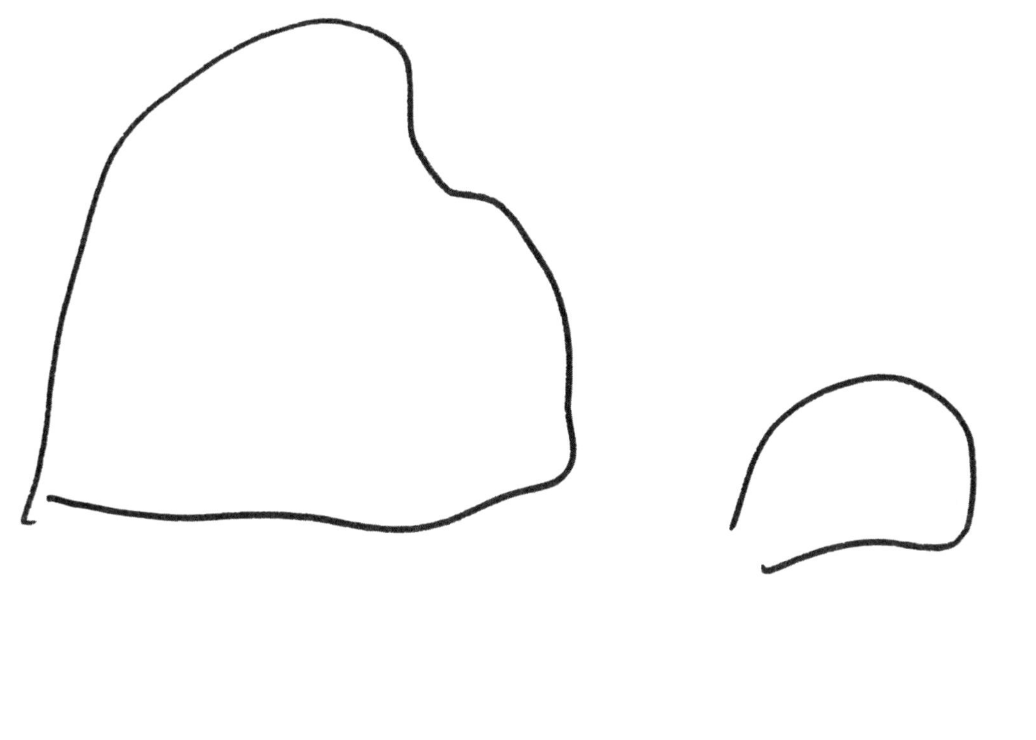

Auguste Rodin Le Someil

Le Sommeil, 1894 1908

Le Prere, 1907

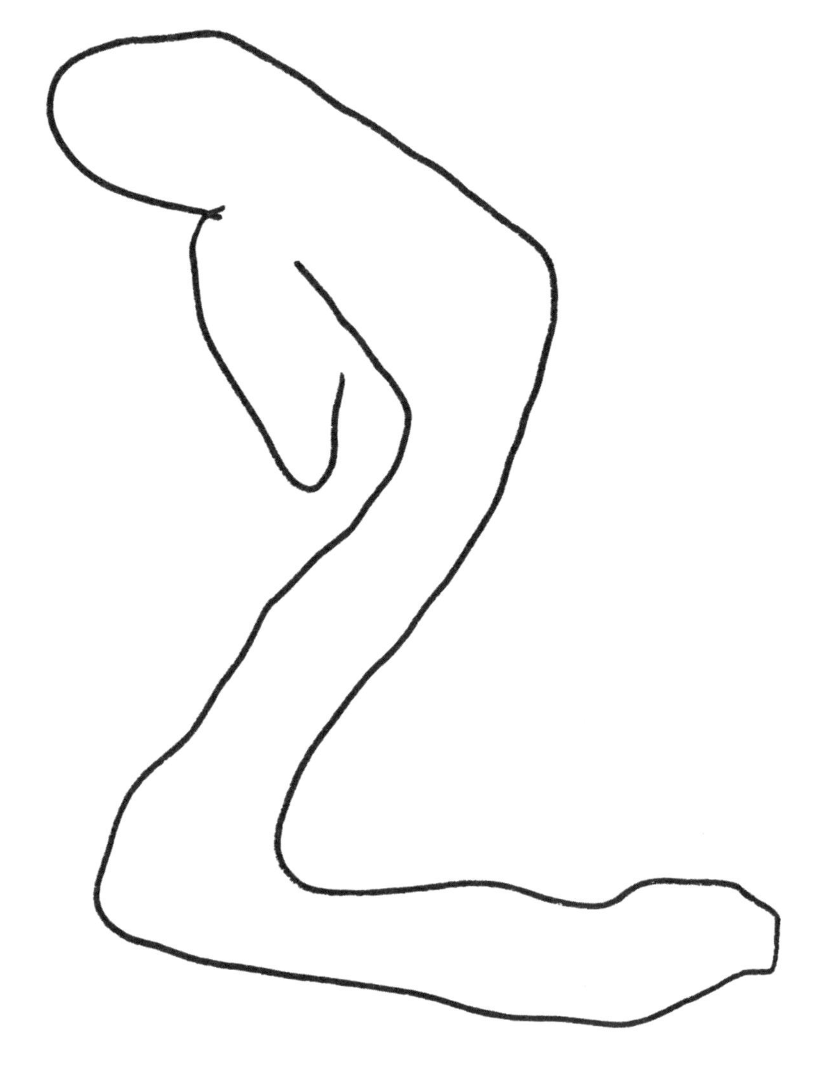

Le Pr-re, L907

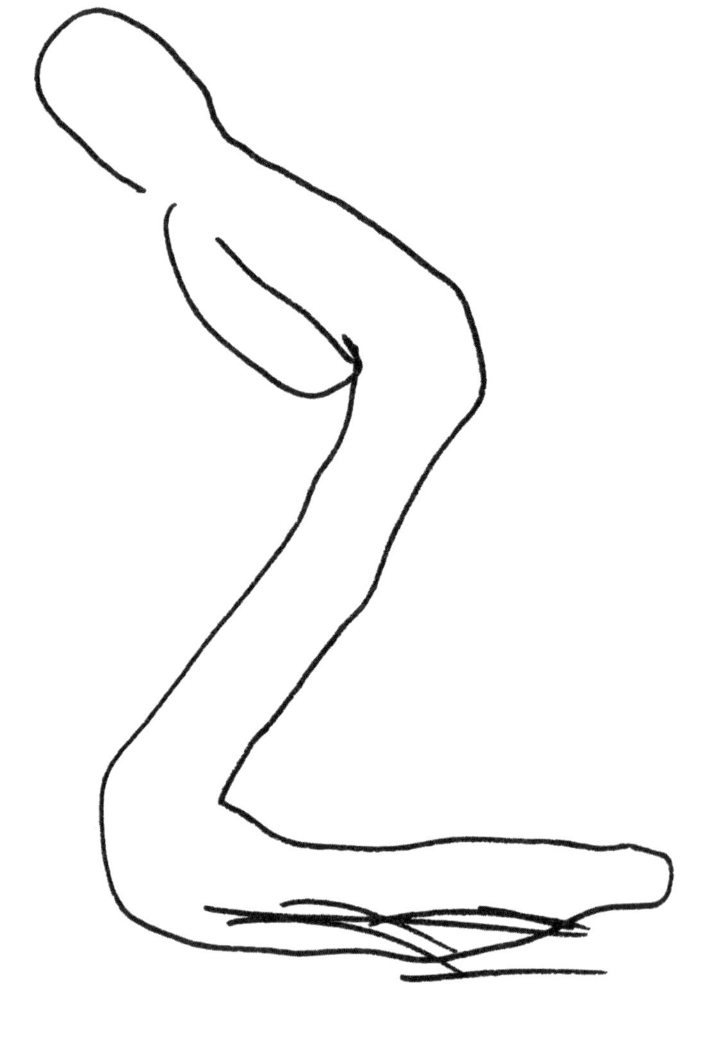

Le Prière . 1907

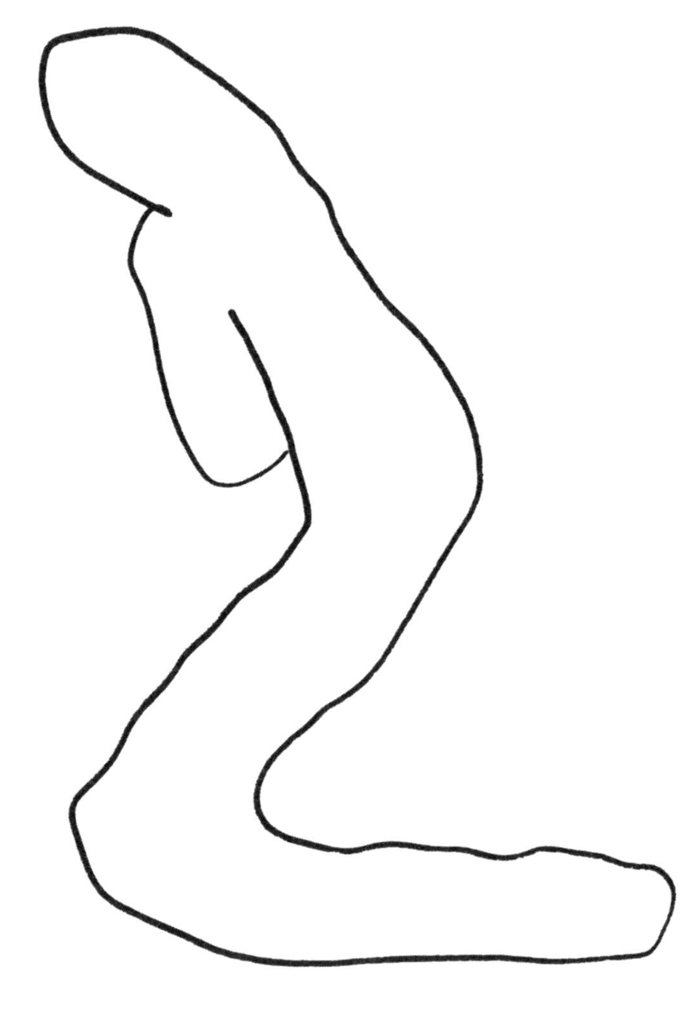

Le Prière 1907

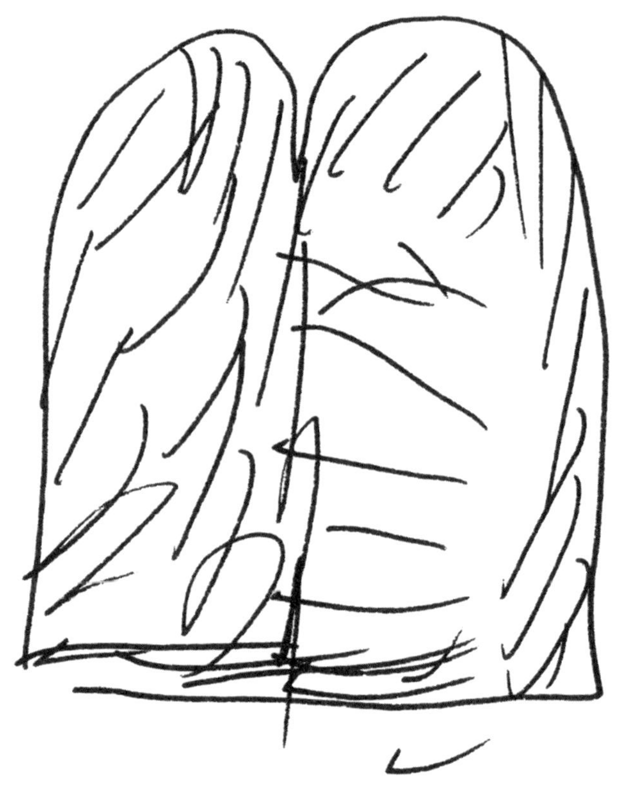

Le Baiser, 1907

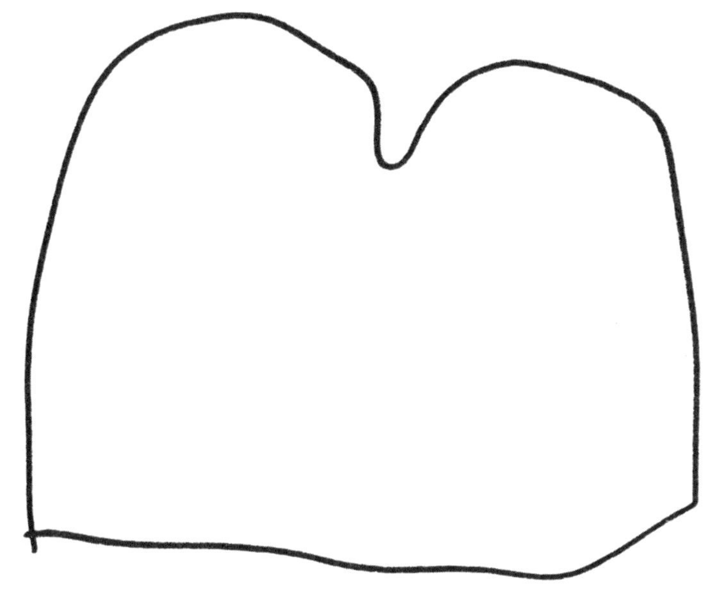

Le Baiser, 1907

La Priere, 1907

Porte, Tvers 1923-1936

1903
Etude dapres Le Prerier

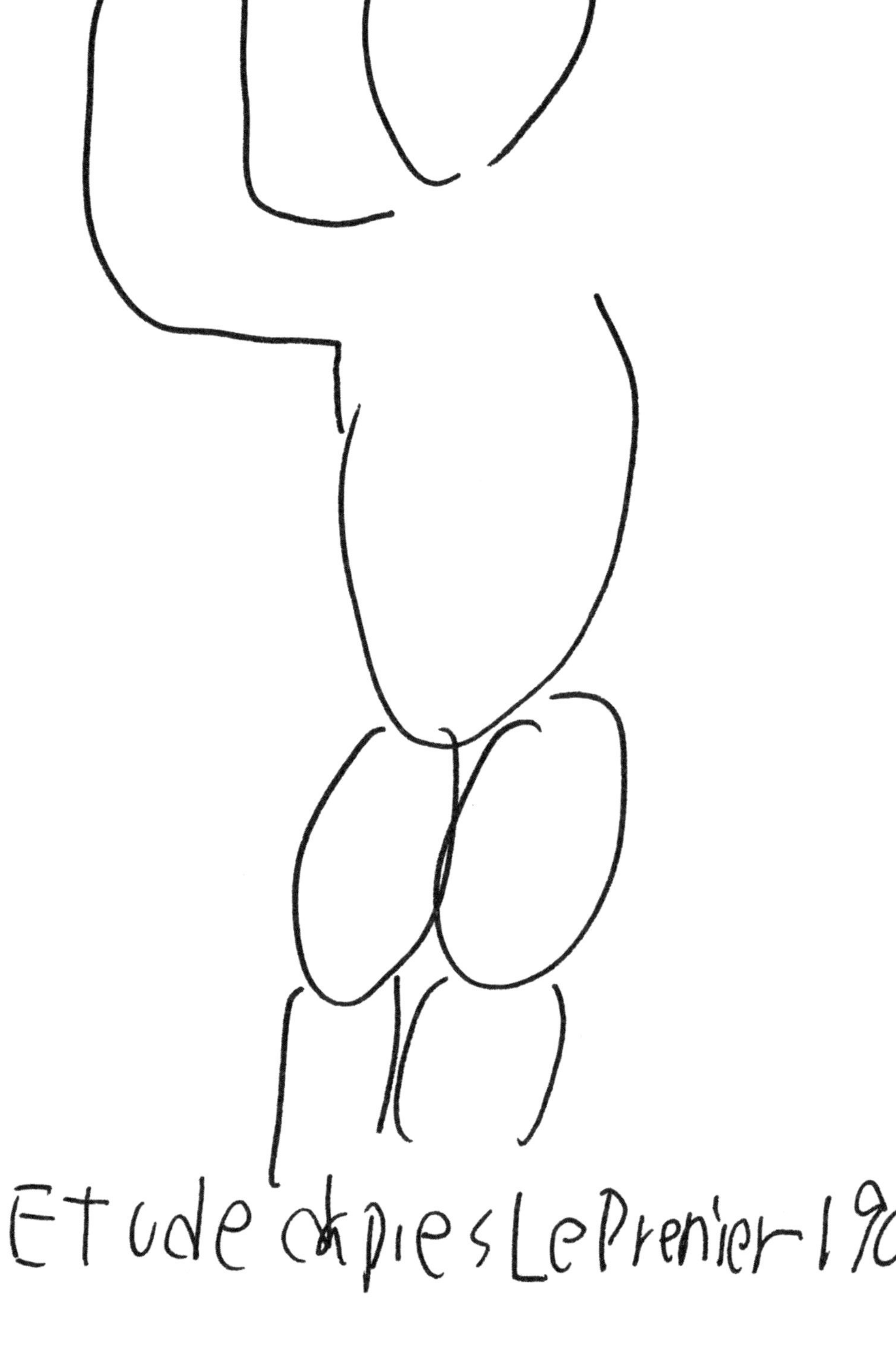
Etude dapies LePrenier 1903

Etude de pofil. 1913

Etude de pufil, 1913

Etude de pofil, 1913

Pricesse X. 1905–1915

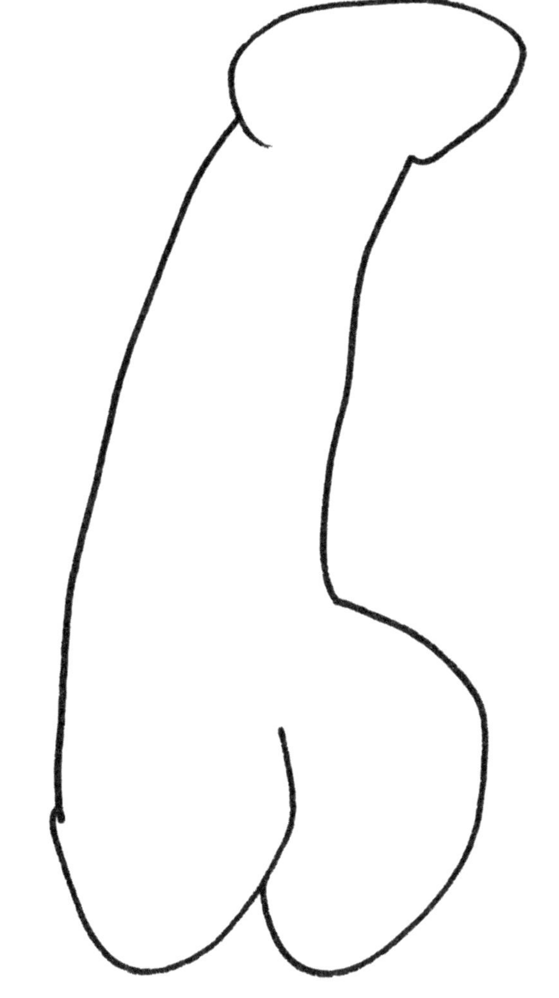

Princessex 1905-1915

Princesse X 1915–1915

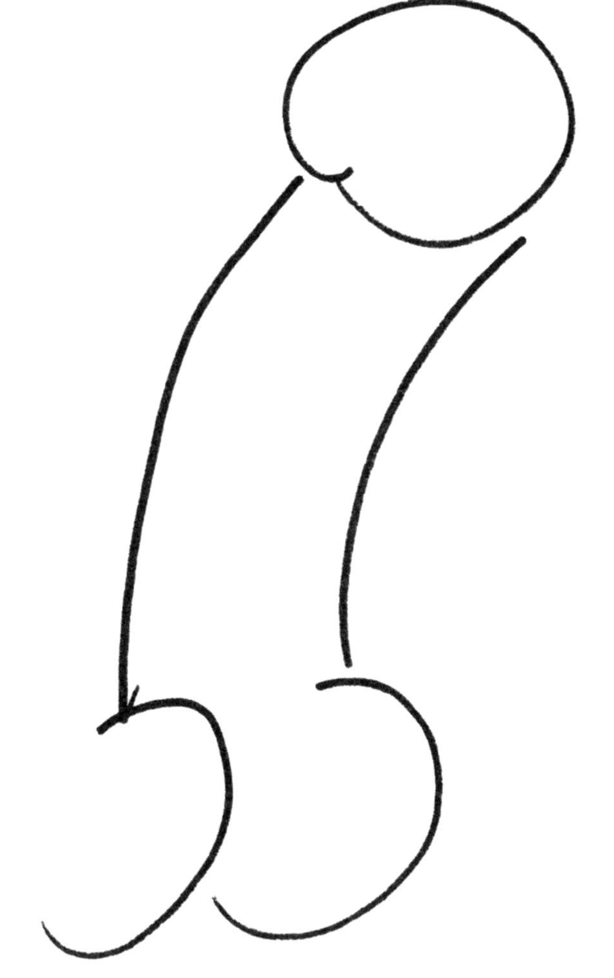

Princess X

1919-1915

Torse de jeune femme

1918

Torse de jene femme,

1918

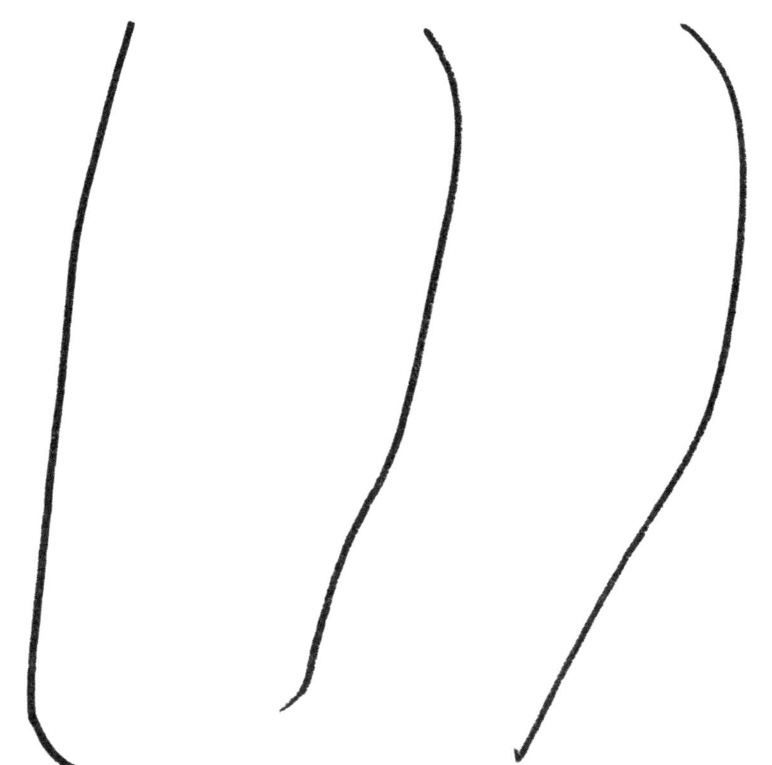

Torse de jeune femme
1918

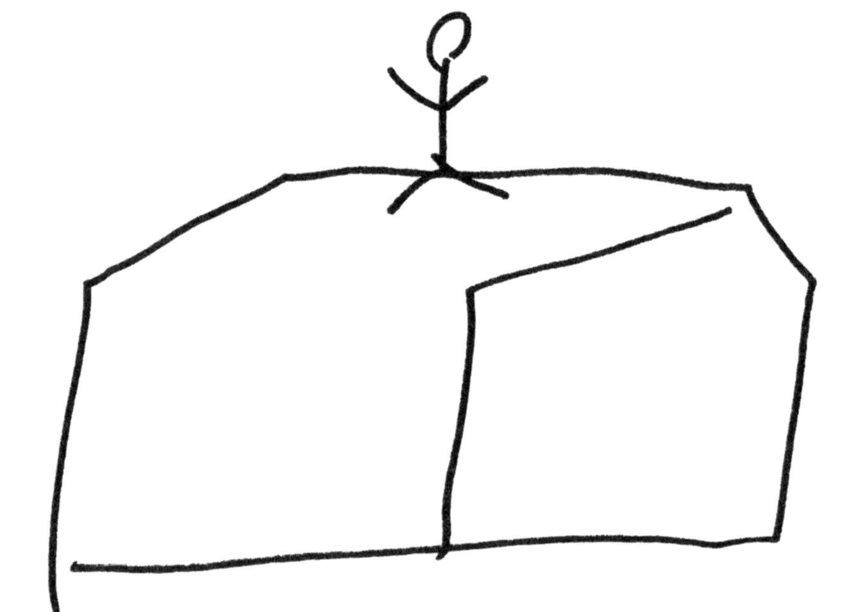

Carte Postale de Fernand
Léger et Alexander Calder
a Brancusi, New York 21
nov. 1935

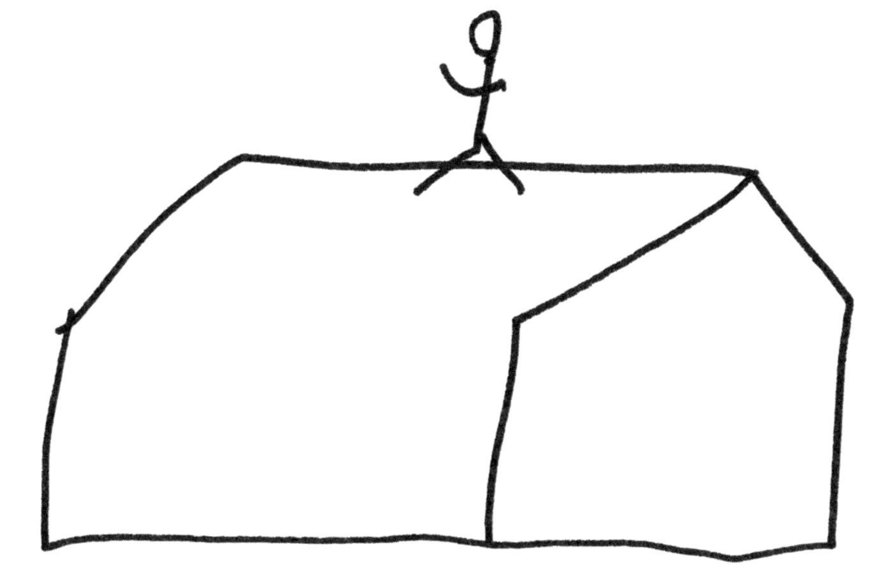

cate Postle de Fernand
Léger at Alexandra Calder
a Brancuci, New Tork 21
Nov. 1935

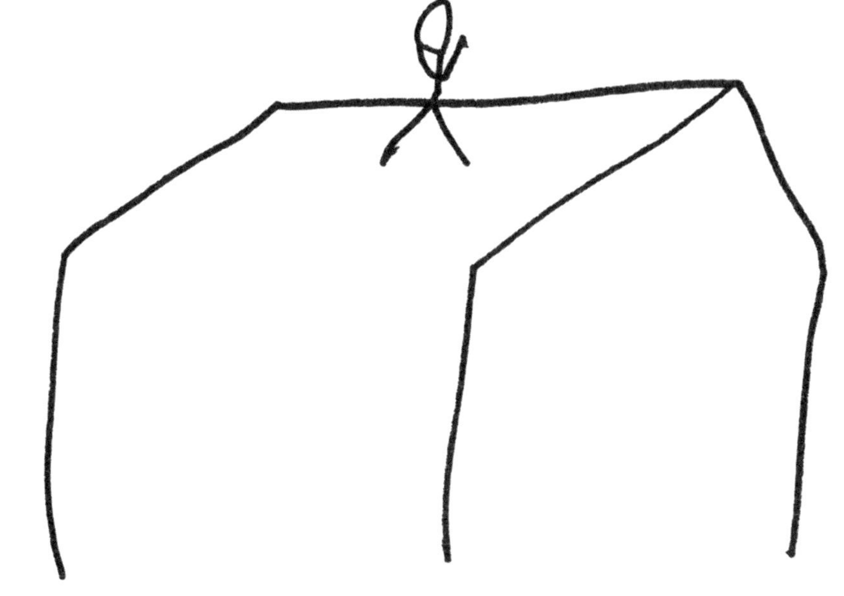

Carte Postale de Fernad
Léger et Alexandi Calder
a Brancusi, New Torlezi
Nov. 1935

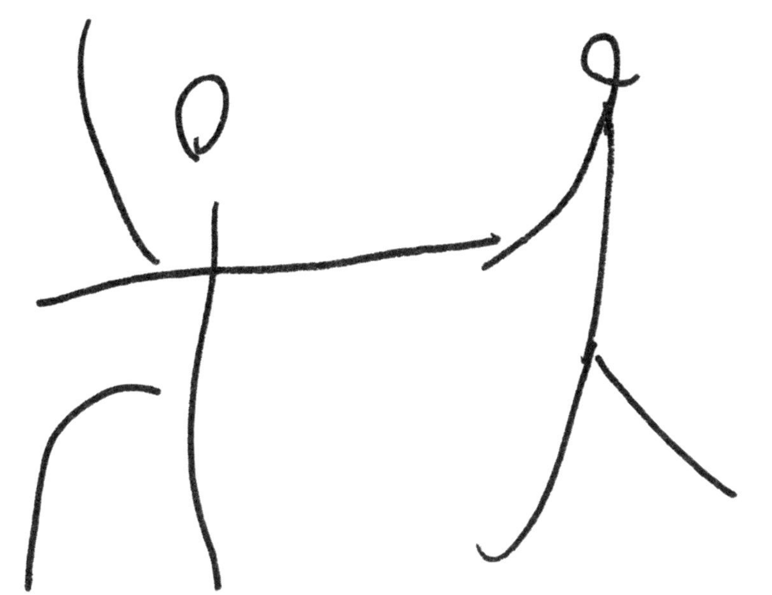

Dessin de Bldrice Wood
montrant Brancusi entre
femmes, un branche mne
le « cosd » sous le br 25. 1926

Dessin du Floruc Myctica
de Brancusi les mamplu
de hom choes 1920

Femme nue debout,
1920-1922

Femme une dedont
1920-1922

Femme une debout.
1920-1922

Femme une debout
1920-1922

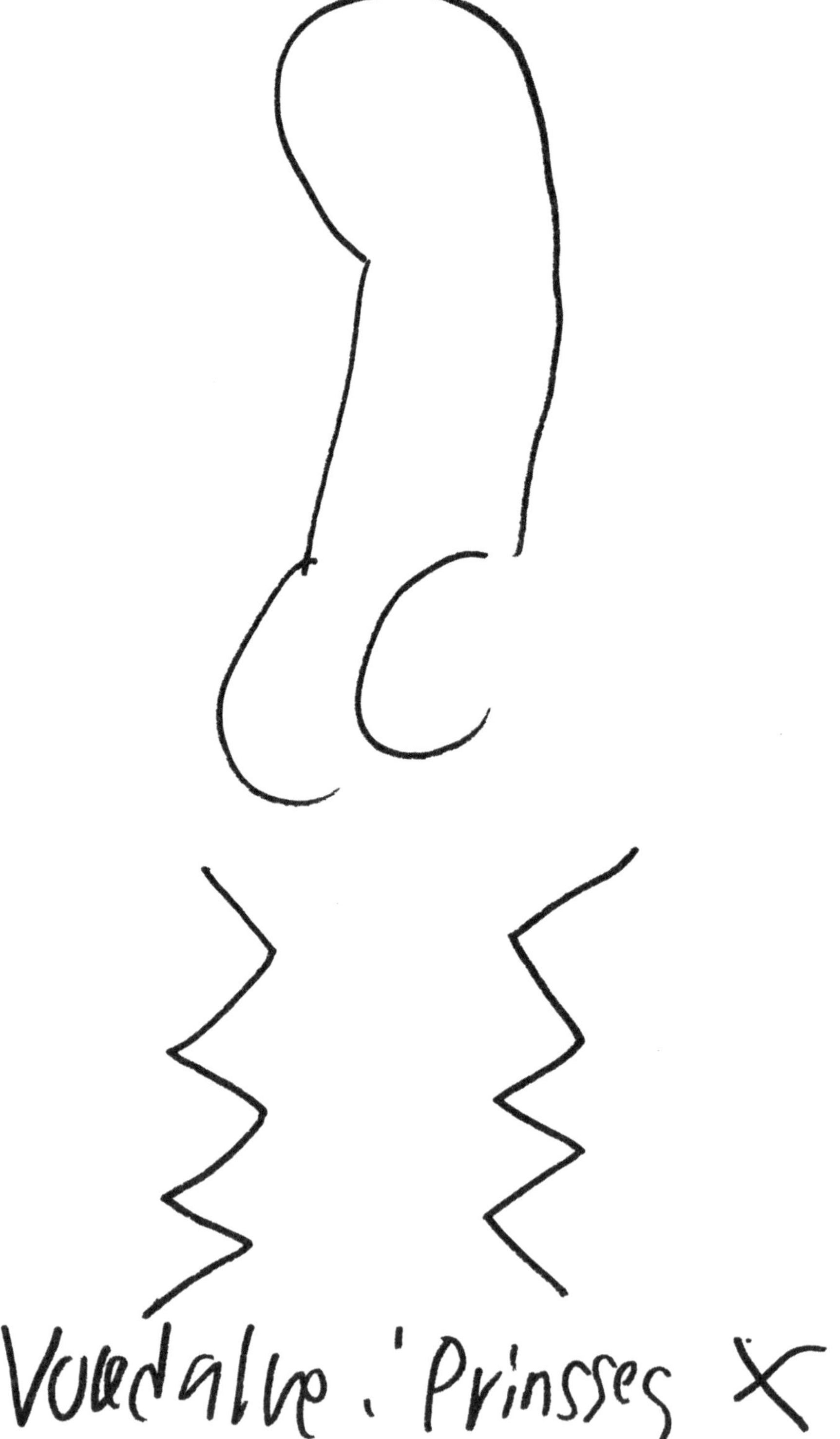
Voedalve : 'Prinsses X

Vue d'atelier: Princess X

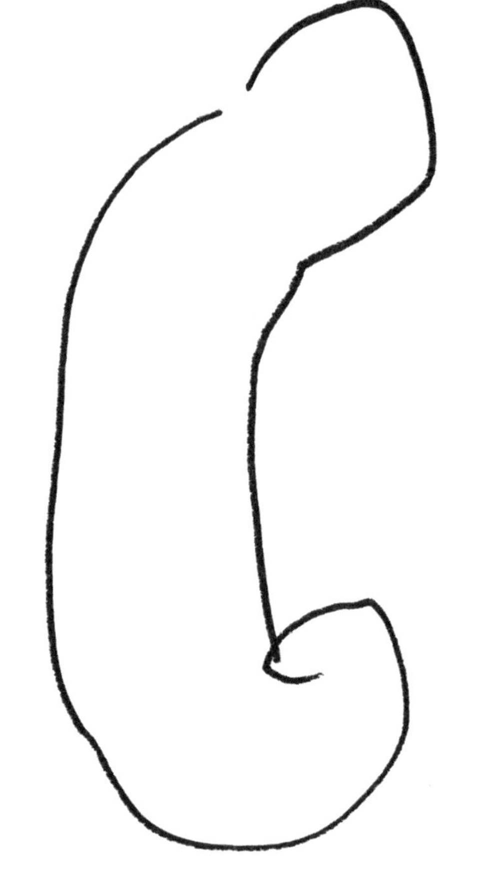

Vuédatelier
Princess X

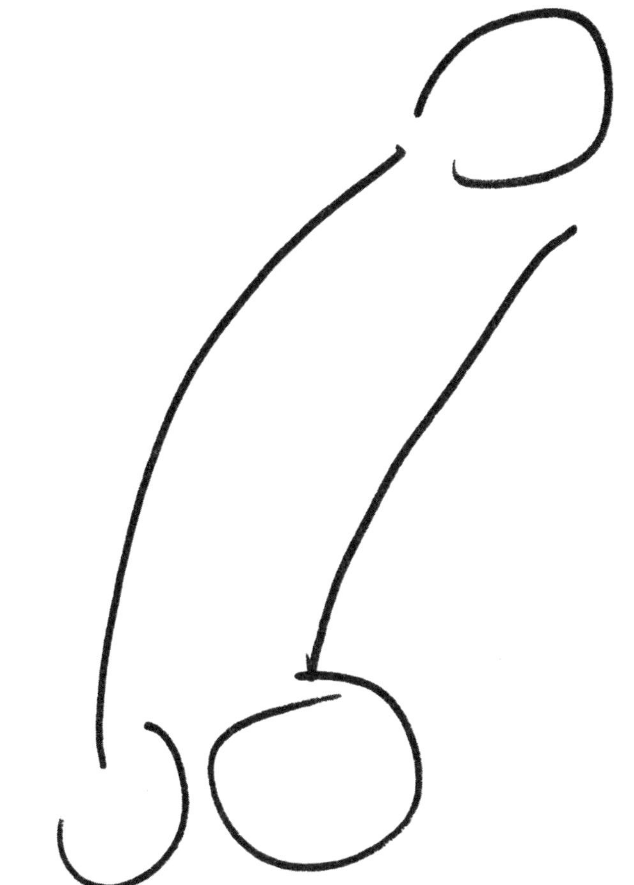

Princes X 1909-
1915

PrincesseX 1909-1915

Buste de femme
1912-1913

Bustede femm

1912 - 1903

Téted femme 1922

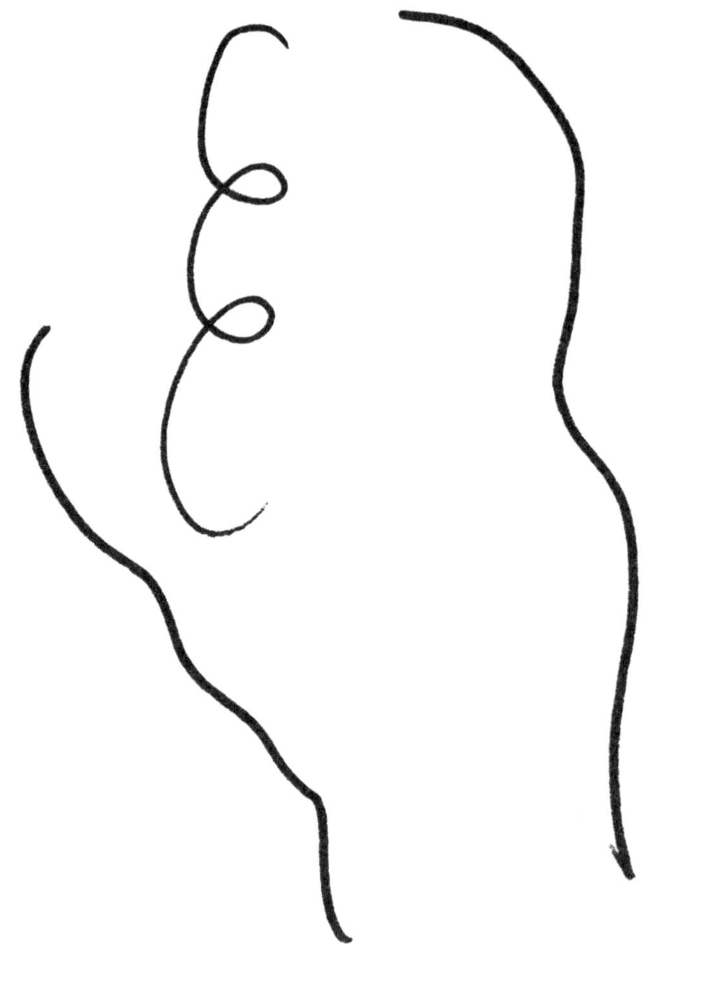

Nuen Postedeprofil

1910-1916

LaTina 1917

L'Oiselet 1928

Le Nominell 1923

Plantana 1923-1924

Latimidle 1917
L'osselet
1928

Lecommencenldamad 1924
Lecommmmn nmde 1920
Sulptue pmamm, 1920-1921
Sumplane Ponravel 1925

LePhoqn 1943-1946

Le Phoque 1943-1946

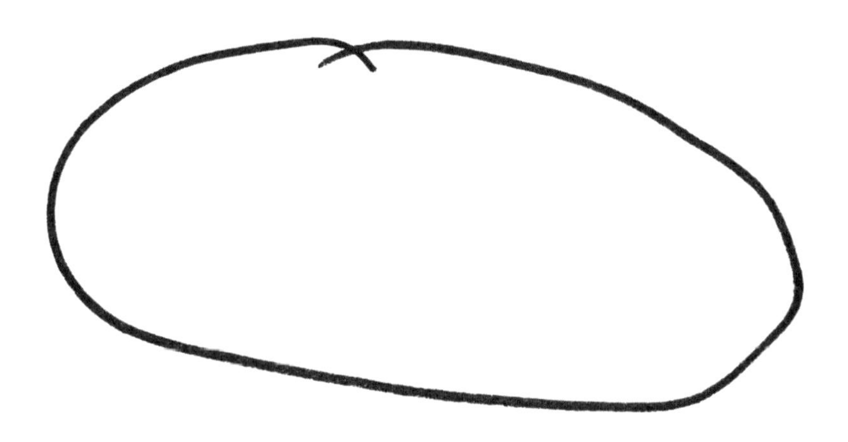

La tortue, 1941-1943

Targu jiu, von 1938

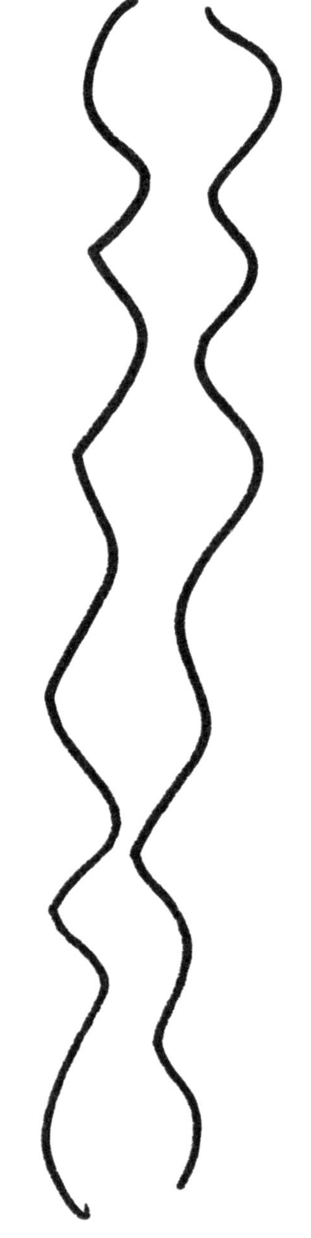

Tamjin, vel 1938

Torse de jeune femme,
1918

Torse de jeune femme,
1918

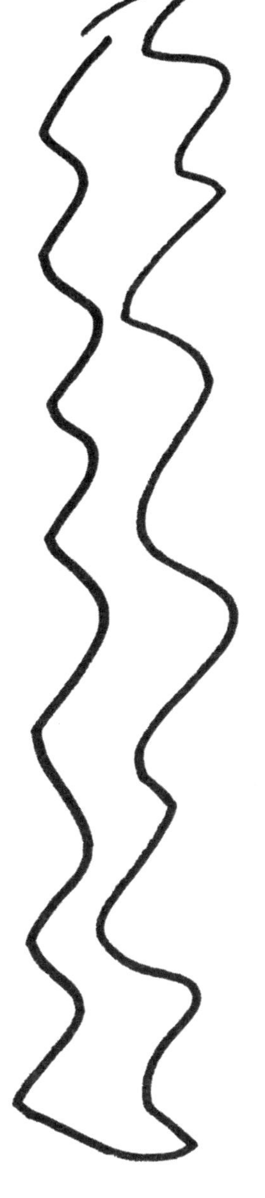

Targu jin.u 1938

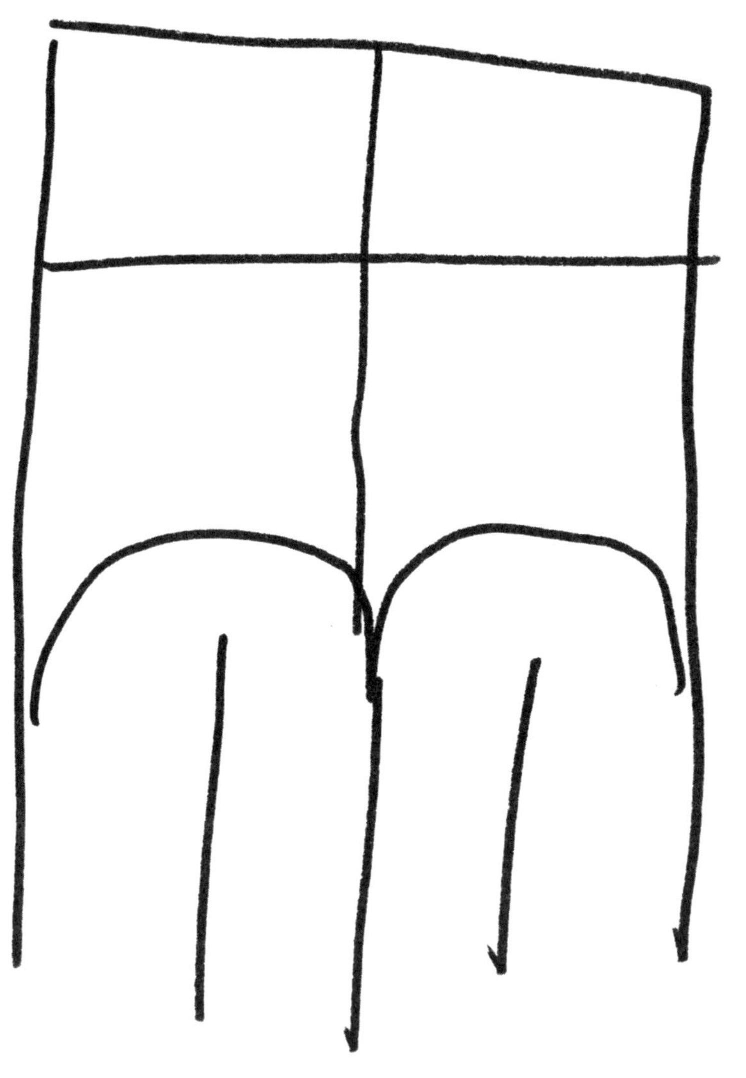

composition sec motist
1926

Composition avec motif
1926

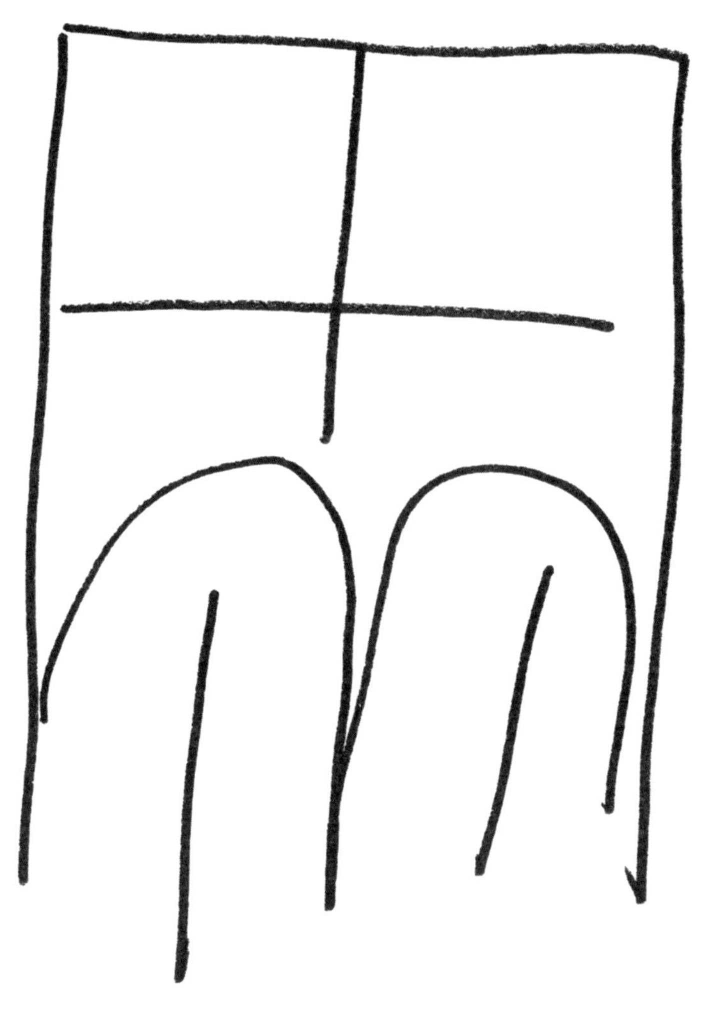

Composition avec moti
1926

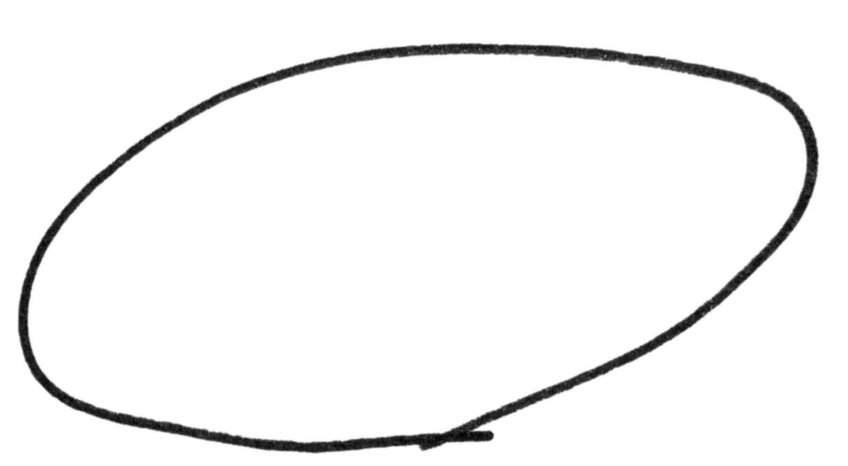

Lamuseerdorme, 1910

“Sketches from my stay in Paris in May, 2024”

Brancusi
Masanao Hirayama

Achevé d’imprimer en août 2024
Yvon Lambert libraire éditeur
ISBN 978-2-913893-87-0